ASUNTOS
Financieros

KEVIN TAYLOR

www.fundamentosfamiliares.com

Libro 5: Asuntos Financieros

© 2018 por Kevin Taylor

© 2018 Publicado por Fundamentos Familiares.
 Todos derechos reservados.

Diseño y Edición: Daniela Tremaria
dtremaria@yahoo.com

Visítenos en: www.fundamentosfamiliares.com

ISBN 978-1-949205-04-6

Publicado en los Estados Unidos de América

Dedicatoria

Con gran aprecio y gratitud, el contenido de estas páginas
se dedican en honor de nuestro Señor Jesucristo,
por quien, de quien, y a quien son todas las cosas.
Por Su infinita gracia soy lo que soy.
Por la inmensa sabiduría de Su Palabra
se escribieron las lecciones de este libro.

Puesto que mi esposa Hannah es prueba de la gracia y
fidelidad de Dios en mi vida, también dedico el contenido
de este libro a ella, quien por su respaldo y paciencia,
me da el privilegio de liderar una familia
fundada sobre la Roca de Cristo.

Tabla de Contenidos

Introducción

Se ha dicho que hay cuatro causas comunes para el divorcio, éstas tienen su raíz en el orgullo y en el pecado. Esas cuatro causas son: el adulterio, la intervención de los suegros y otros miembros de la familia en los conflictos matrimoniales, el desacuerdo sobre la disciplina de niños, y finalmente, la fricción sobre asuntos financieros. Por medio de las lecciones en este libro, examinaremos en detalle el cuarto desafío; la aplicación de las finanzas. Muchos han sido "traspasados de muchos dolores" por perseguir sus metas financieras y dejar a Dios fuera del hogar (1 Tim. 6:10). Necesitamos ver el dinero así como nuestro Dios lo ve.

Donald Trump, el multimillonario y presidente estadounidense, fue citado en la revista U.S. News and World Report, el 9 de enero de 1989 con estas palabras, *"Quienquiera que diga que el dinero no puede comprar la felicidad no sabe dónde hacer compras."* Él está actualmente en su tercer matrimonio. Aunque es posible que alguna otra causa haya sido la raíz del fracaso en sus matrimonios, su vida es prueba de que la abundancia material no es lo que mantiene la familia unida. Estas lecciones se centrarán en buscar la sabiduría de Dios y proponer metas financieras para usted y su familia, para que usted no sea una de las familias sin número que han sido arruinadas por el amor del dinero, porque "alborota su casa el codicioso" (Prov. 15:27).

La Perspectiva CORRECTA
acerca del *Dinero*

Introducción:

La Biblia es clara al enseñar que no es malo tener posesiones materiales, porque Dios ricamente nos ha dado todas las cosas para disfrutarlas (1 Tim. 6:9). Dios no tienta a los seres humanos a pecar (Stgo. 1:13). Si fuera pecaminoso tener dinero, Dios se estaría contradiciendo al darnos "poder para hacer las riquezas" (Deut. 8:18). Sin embargo, junto con las bendiciones materiales que Dios nos da abundantemente, tenemos Su instrucción bíblica respecto al dinero, de modo que sea posible que tengamos dinero, pero no que el dinero nos tenga a nosotros.

Meta de la Lección:

Presentar la perspectiva correcta de las finanzas de modo que cada familia pueda aplicarla y gozar de los resultados bíblicos y de la alegría por haber obedecido a Dios.

Versículo Clave:

"Sean vuestras costumbres sin avaricia, contentos con lo que tenéis ahora; porque él dijo: No te desampararé, ni te dejaré" (Heb. 13:5)

Citas Célebres:

"Hay dos maneras en las cuales un cristiano puede ver su dinero; ¿Cuánto de mi dinero debo utilizar para Dios?' o ¿cuánto del dinero de Dios debo utilizar para mí?"
W. Graham Scroggie

"Ahora que he dispuesto toda mi propiedad para mi familia. Hay una cosa más que desearía poder darles; y ésa es fe en Jesucristo. Si tuvieran eso y no les hubiera dado un sólo centavo, habrían sido ricos; y si no tuvieran la fe, y les hubiera dado todo el mundo, serían pobres de hecho." Patrick Henry

La perspectiva *Correcta* del dinero
y las posesiones materiales

1. El Señor es el Dueño verdadero de todo lo que somos y de todo que poseemos (Salmo. 24:1).

> *"De Jehová es la tierra y su plenitud; El mundo, y los que en él habitan."*

Cuando un amigo nos presta su coche, teléfono celular, u otra cosa, típicamente tomamos un cuidado especial de esas cosas, porque pertenecen a alguien más. Deseamos regresarlas en buenas condiciones porque valoramos su amistad. De hecho, valoramos su amistad más que la cosa que nos ha prestado. De esta misma manera, debemos utilizar y apreciar lo que Dios realmente posee, pero nos lo ha prestado, sabiendo que nuestra relación con Él es más importante que cualquier cosa.

2. Mira lo que Dios dice en Hageo 2:8:

> *"Mía es la plata, y mío es el oro, dice Jehová de los ejércitos."*

Respecto al dinero, la persona avara dice la palabra "mío" a menudo sin considerar quien es el dueño verdadero de nuestras casas, nuestros coches, nuestra ropa y nuestro alimento, incluso nuestros hijos y nuestros propios cuerpos. Nada realmente nos pertenece. Se cuenta la historia de un hombre que encontró un granero en donde Satanás almacenaba las semillas que él siembra en el corazón humano: La envidia, la avaricia, la cólera, el odio, etc. El hombre pronto notó que Satanás tenía más semillas de desánimo que de cualquier otra clase. El diablo sabía que esas semillas podían crecer casi dondequiera. Pero, cuando a Satanás le fue preguntado, él admitió que había un lugar en el cual él no podía hacerlas crecer. "¿Dónde?" preguntó el hombre. Satanás contestó tristemente, "En el corazón de un hombre agradecido." ¡Qué agradecidos debemos estar a Dios! Ya que aquel que posee todas las riquezas ha decidido compartir una porción con nosotros.

3. Debemos vernos como administradores.

Un administrador es uno que cuida y maneja las posesiones de alguien más. ¿Qué se requiere de los administradores, según 1 Corintios 4:2?

> *"Ahora bien, se requiere de los administradores, que cada uno sea hallado fiel."*

En Génesis 44:1, José, el vice presidente de Egipto, a cargo de toda la abundancia del país, tenía un administrador, y le ordenó llenar los sacos de sus hermanos de alimento, y regresar el dinero a ellos. El administrador estaba debajo de José en rango, y la abundancia que pasaba a través de sus manos no le pertenecía a él, sino debía ser distribuida como José, su amo, disponía. Así somos nosotros en este mundo, simplemente encargados de la abundancia de Dios, para utilizarla fielmente, así como Él ordena.

4. Cuando participamos en dar diezmos y ofrendas, regresamos una porción de lo que de antemano le pertenece a Dios (1 Crónicas 29:14).

"Porque ¿quién soy yo, y quién es mi pueblo, para que pudiésemos ofrecer voluntariamente cosas semejantes?
Pues todo es tuyo, y de lo recibido de tu mano te damos."

David en este pasaje exalta a Dios por Su generosidad. David e Israel están haciendo una recolección nacional para el edificio futuro del Templo. Las piedras preciosas y otros materiales se mencionan en los versículos 2 al 5. Aunque fue recogido mucho, David no se jactaba, sino glorificaba al Señor. Al final del versículo 14, él indica, "Pues todo es tuyo, y de lo recibido de tu mano te damos." De manera semejante, cuando alguien nos presta su coche, al regresarlo no nos jactamos, porque no es nuestro de todos modos. Debemos tener la misma humildad, administrando bíblicamente nuestras finanzas. Estamos dando a Dios lo que ya le pertenece.

5. En realidad, la cosa más valiosa que Dios nos ha dado es nuestra alma (Mateo 16:24-26).

"Entonces Jesús dijo a sus discípulos: Si alguno quiere venir en pos de mí, niéguese a sí mismo, y tome su cruz, y sígame. Porque todo el que quiera salvar su vida, la perderá; y todo el que pierda su vida por causa de mí, la hallará. Porque ¿qué aprovechará al hombre, si ganare todo el mundo, y perdiere su alma?
¿O qué recompensa dará el hombre por su alma?"

Se ha dicho que cuando las funerarias entierran a un hombre en un traje genérico, nunca tiene bolsillos. ¿Por qué? Porque el hombre muerto no tiene ninguna necesidad de ellos; él no posee nada. La Escrituras dicen claramente "porque nada hemos traído a este mundo, y sin duda nada podremos sacar" (1 Tim. 6:7). Proverbios 27:24 nos recuerda que las "riquezas no duran para siempre." El millonario y el trabajador de la clase media, tienen algo en común; no han de llevar ninguna posesión material consigo más allá del sepulcro. Sin embargo, llevaremos nuestras almas con nosotros, al Cielo para siempre con Cristo, o al infierno. Por eso Jesús advirtió tanto sobre la pérdida eterna, que no beneficiaría a un hombre ganar el mundo entero, a expensas de su alma. El esposo/padre más sabio cuidará de la salvación y el bienestar espiritual de su familia como prioridad en el hogar, y no será negligente en cuanto a las riquezas verdaderas.

6. Es absurdo vivir para cualquier cosa que pudiera ser quitada de nosotros en cualquier momento (Mateo 6:19-20).

"No os hagáis tesoros en la tierra, donde la polilla y el orín corrompen, y donde ladrones minan y hurtan; sino haceos tesoros en el cielo, donde ni la polilla ni el orín corrompen, y donde ladrones no minan ni hurtan."

Cristo advirtió en contra de vivir para las posesiones terrenales, que podrían ser comidas por las polillas o robadas por los ladrones. Es una locura terrible invertir nuestras vidas en las cosas que podríamos perder en cualquier momento; nuestras casas, coches de lujo, ropa y joyería costosa, etc. Cuando invertimos nuestras vidas; casas, hijos y nuestro dinero, en las cosas eternas y espirituales, tales recompensas traen alegría y nunca las podrán quitar de nosotros.

7. De modo que el dinero no se convierta en un dios para nosotros, y nos aleje del Dios verdadero, debemos orar que Él nos conceda las finanzas necesarias según la voluntad Suya (Prov. 30:7-9).

"Dos cosas te he demandado; No me las niegues antes que muera: Vanidad y palabra mentirosa aparta de mí; No me des pobreza ni riquezas; Mantenme del pan necesario; No sea que me sacie, y te niegue, y diga: ¿Quién es Jehová? O que siendo pobre, hurte, Y blasfeme el nombre de mi Dios."

El dinero es un asunto tan delicado en la vida cristiana. El mismo Dios que nos bendice grandemente también nos advierte, "Si se aumentan las riquezas, no pongáis el corazón en ellas" (Salmo 62:10). La oración es vital, de modo que cuando Dios nos bendiga, lo reconozcamos a Él como el Proveedor y Dueño de todos los recursos, en vez de extraviarnos de la fe, y ser traspasados de muchos dolores (1 Tim. 6:10).

Las *Ventajas* del tener una perspectiva bíblica del dinero y de las posesiones son:

1. Para traer honor a Dios (Prov. 3:9).

"Honra a Jehová con tus bienes, y con las primicias de todos tus frutos."

2. Para recibir bendiciones de Dios (Prov. 11:25).

"El alma generosa será prosperada; y el que saciare, él también será saciado."

3. Para evitar la preocupación (Mateo 6:19-31).

"No os hagáis tesoros en la tierra, donde la polilla y el orín corrompen, y donde ladrones minan y hurtan; sino haceos tesoros en el cielo, donde ni la polilla ni el orín

corrompen, y donde ladrones no minan ni hurtan. Porque donde esté vuestro tesoro,
allí estará también vuestro corazón. La lámpara del cuerpo es el ojo; así que, si tu ojo
es bueno, todo tu cuerpo estará lleno de luz; pero si tu ojo es maligno, todo tu cuerpo
estará en tinieblas. Así que, si la luz que en ti hay es tinieblas, ¿cuántas no serán las
mismas tinieblas? Ninguno puede servir a dos señores; porque o aborrecerá al uno y
amará al otro, o estimará al uno y menospreciará al otro. No podéis servir a Dios y a
las riquezas. Por tanto os digo: No os afanéis por vuestra vida, qué habéis de comer o
qué habéis de beber; ni por vuestro cuerpo, qué habéis de vestir. ¿No es la vida más que
el alimento, y el cuerpo más que el vestido? Mirad las aves del cielo, que no siembran,
ni siegan, ni recogen en graneros; y vuestro Padre celestial las alimenta. ¿No valéis
vosotros mucho más que ellas? ¿Y quién de vosotros podrá, por mucho que se afane,
añadir a su estatura un codo? Y por el vestido, ¿por qué os afanáis?
Considerad los lirios del campo, cómo crecen: no trabajan ni hilan;
pero os digo, que ni aun Salomón con toda su gloria se vistió así como uno de ellos.
Y si la hierba del campo que hoy es, y mañana se echa en el horno, Dios la viste así,
¿no hará mucho más a vosotros, hombres de poca fe? No os afanéis, pues, diciendo:
¿Qué comeremos, o qué beberemos, o qué vestiremos?"

4. Para obtener el reconocimiento de Dios (Lucas 21:1-3).

"Levantando los ojos, vio a los ricos que echaban sus ofrendas en el arca de las
ofrendas. Vio también a una viuda muy pobre, que echaba allí dos blancas. Y dijo:
En verdad os digo, que esta viuda pobre echó más que todos. Porque todos aquéllos
echaron para las ofrendas de Dios de lo que les sobra; mas ésta,
de su pobreza echó todo el sustento que tenía."

5. Para ser como Cristo (2 Corintios 8:9).

"Ya conocéis la gracia de nuestro Señor Jesucristo, que por amor a vosotros se hizo
pobre, siendo rico, para que vosotros con su pobreza fueseis enriquecidos."

6. Para vivir con gratitud y contentamiento (Fil. 4:11-12).

"No lo digo porque tenga escasez, pues he aprendido a contentarme, cualquiera
que sea mi situación. Sé vivir humildemente, y sé tener abundancia; en todo y por
todo estoy enseñado, así para estar saciado como para tener hambre, así para tener
abundancia como para padecer necesidad."

7. Para tener una vida unida, feliz en el hogar (Prov. 15:17).

"Mejor es la comida de legumbres donde hay amor,
que de buey engordado donde hay odio."

Hazlo Personal

☐ 1. Debo trabajar honestamente, y con gratitud para la gloria de Dios y el sostenimiento de mi familia.

☐ 2. Debo reconocer a Dios como el Dueño verdadero de todo "mi" dinero y "mis" posesiones.

☐ 3. No basaré mi satisfacción en la vida por cuánto dinero tengo.

☐ 4. No debo permitir que la búsqueda de posesiones ponga mi matrimonio y familia en peligro.

☐ 5. Debo estar contento teniendo alimento y ropa, y considerarme bendecido por tener mucho más allá de lo que necesito.

☐ 6. Debo ver el dinero, no como una meta, sino como un medio para honrar a Dios y sostener a nuestra familia.

☐ 7. Debo verme como un puente entre la fuente de recursos de Dios y la necesidad de otros, de modo que yo pueda serles una bendición.

☐ 8. Debo ver a Dios como la fuente verdadera de alegría, en vez de cualquier cosa material.

☐ 9. Debo hacer de mis finanzas personales y el uso de ellas una cuestión de oración delante del Señor.

☐ 10. Debo tener un plan financiero para el futuro, pero no mezclar tal plan con un sentido de preocupación acerca de las finanzas.

☐ 11. Debo comunicarme bien con mi esposo/esposa regularmente acerca de cómo hemos de usar el dinero que Dios nos ha provisto.

☐ 12. Debo administrar fielmente mis finanzas, y aunque nadie me reconozca en la tierra, que Dios sepa que lo estoy haciendo para Su gloria y honra.

☐ 13. Debo leer, estudiar, y meditar en la Palabra de Dios para ver cómo vivió el Señor Jesucristo en la tierra, e imitarle.

☐ 14. Debo estar bien con Dios, preparado para la muerte, cuando he de abandonar todas mis posesiones terrenales.

La Perspectiva INCORRECTA acerca del *Dinero*

Introducción:

Una encuesta interesante fue tomada, y presentada en el libro "The Day America Told the Truth" ("El Día que América Dijo la Verdad"). A varios norteamericanos se les preguntó qué cosas harían por $10.000.000. Las respuestas asombraban. Veinticinco por ciento dijeron que abandonarían a su familia entera. Veinticinco por ciento dijeron que abandonarían a su iglesia. Veintitrés por ciento dijeron que serían prostitutas por una semana o más. Dieciséis por ciento dijeron que rechazarían su ciudadanía americana. Dieciséis por ciento dijeron que dejarían a sus esposos. Diez por ciento dijeron que retendrían testimonio en una corte y que dejarían que un asesino saliera libremente. Siete por ciento dijeron que matarían a un extranjero. Tres por ciento incluso dijeron que entregarían a sus niños para la adopción. ¡Qué revelación de cuánta gente tiene una perspectiva incorrecta acerca del dinero![1]

Meta de la Lección:

En la lección anterior, consideramos la perspectiva bíblica que debemos tener en cuanto a las posesiones materiales. Esta lección definirá términos importantes, dará advertencias referentes a la avaricia, y presentará la necedad de vivir de forma egoísta con una parábola enseñada por Cristo mismo.

Versículo Clave:

""Porque raíz de todos los males es el amor al dinero, el cual codiciando algunos, se extraviaron de la fe, y fueron traspasados de muchos dolores" (1 Tim. 6:10)

Citas Célebres:

"La avaricia es el resultado lógico de creer que no hay vida después de la muerte. Agarramos lo que podemos por cualquier medio que podamos, y se nos hace difícil soltarlo." Fred Catherwood

"He ganado muchos millones, pero no me han traído ninguna felicidad." John W. Rockefeller

Significados importantes

1. Avaricia. "Un deseo egoísta y fuerte para obtener o poseer algo;"[2] generalmente en un mal sentido, y aplicado a un deseo excesivo para la abundancia o la avaricia, deseo excesivo por adquirir o de poseer más (especialmente una abundancia material), más de lo que uno necesita o merece).

2. Idolatría. "Ligadura inmoderada o dedicación a algo."[3]

Avisos respecto a las posesiones materiales

1. Las Escrituras nos advierten en el Salmo 62:10,

> *"...si se aumentan las riquezas, no pongáis el corazón en ellas."*

2. Jesús dijo en Lucas 12:15,

> *"Mirad, y guardaos de toda avaricia; porque la vida del hombre no consiste en la abundancia de los bienes que posee."*

Una *Ilustración* de la perspectiva incorrecta acerca de las posesiones (Lu. 12:16-21).

> *"También les refirió una parábola, diciendo: La heredad de un hombre rico había producido mucho. Y él pensaba dentro de sí, diciendo: ¿Qué haré, porque no tengo dónde guardar mis frutos? Y dijo: Esto haré: derribaré mis graneros, y los edificaré mayores, y allí guardaré todos mis frutos y mis bienes; y diré a mi alma: Alma, muchos bienes tienes guardados para muchos años; repósate, come, bebe, regocíjate. Pero Dios le dijo: Necio, esta noche vienen a pedirte tu alma; y lo que has provisto, ¿de quién será? Así es el que hace para sí tesoro, y no es rico para con Dios."*

1. La avaricia dice, "Soy el dueño de todo" (v. 17).

> *"La heredad de un hombre rico había producido mucho. Y él pensaba dentro de sí, diciendo: ¿Qué haré, porque no tengo dónde guardar mis frutos?"*

Note las palabras "mis frutos." En el verso siguiente, él también menciona "mis graneros" y "mis bienes." Gozar de las bendiciones que Dios nos ha dado sin gratitud hacia Él es una manera peligrosa de vivir. La razón de ello es que el orgullo atribuye el éxito de uno a sus propios esfuerzos y ve su necesidad de Dios aún menos. El orgullo se convierte en un catalizador para muchos otros males. Una persona orgullosa causará las discusiones (Prov. 13:10), y será llena de ira e insultos (Prov. 21:24). Con el tiempo, la familia de tal persona se arruina (Prov. 15:25).

2. La avaricia presume sobre el futuro (vv. 18-19).

"Y dijo: Esto haré: derribaré mis graneros, y los edificaré mayores,
y allí guardaré todos mis frutos y mis bienes; y diré a mi alma: Alma, muchos bienes
tienes guardados para muchos años; repósate, come, bebe, regocíjate."

La Biblia nos manda ser sabios y contar nuestros días (Salmo 90:12). Si hiciéramos esto, trataríamos cada día como si fuera nuestro último, consideraríamos a Dios en cada acontecimiento, y amaríamos a otros, incluyendo a nuestros familiares. Resolveríamos conflictos, perdonaríamos a otros, y nos comunicaríamos con amor como nunca antes. Este hombre planeaba tener muchos más años por delante, y mencionaba constantemente sus posesiones, en lugar de los aspectos más importantes de la vida.

3. La avaricia lo mantiene a uno sin preparación espiritual para la vida después de la muerte (v.20).

"Pero Dios le dijo: Necio, esta noche vienen a pedirte tu alma;
y lo que has provisto, ¿de quién será?"

La medida verdadera del valor de un hombre es lo que tendría si perdiera todas sus posesiones terrenales. Se revela en 1 Timoteo 6:7, "porque nada hemos traído a este mundo, y sin duda nada podremos sacar." Jesús preguntó, "Porque ¿qué aprovechará al hombre, si ganare todo el mundo, y perdiere su alma?" (Mateo 16:26). La avaricia de este hombre lo cegó al hecho de que estaba muy cercano a la muerte, y que muy pronto se encontraría con Dios, quien no sería impresionado con sus posesiones. Tristemente, su avaricia y prioridades terrenales lo dejaron sin preparación para su encuentro con Dios.

4. La avaricia en una manera muy egoísta, ignora a Dios (v.21).

"Así es el que hace para sí tesoro, y no es rico para con Dios."

Esta es la aplicación espiritual de esta historia terrenal. El hombre avaro ignora a Dios y Su Palabra. Su hogar ha de ser arruinado por las tempestades de la vida.

Los *Resultados* de tener la perspectiva incorrecta de las posesiones materiales:

1. Los problemas familiares (Prov. 15:27)

"Alborota su casa el codicioso; mas el que aborrece el soborno vivirá."

El hijo pródigo insultó a su padre y enojó a su hermano debido a sus demandas codiciosas, "dame la parte de los bienes que me corresponde" (Lucas15:12).

2. La decepción (Ecl. 5:10)

"El que ama el dinero, no se saciará de dinero; y el que ama el mucho tener, no sacará fruto. También esto es vanidad."

El sueño de mucha gente es, "Si solamente hiciera $20.000 más por año, sería feliz. Si condujera un coche nuevo, o viviera en una casa más bonita, o si pudiéramos ir de vacaciones a un lugar tropical, seríamos una familia más feliz." Tales ambiciones son falsas, porque las posesiones y el dinero nunca pueden llenar el corazón humano. Lee algunas citas de los hombres que obtuvieron grandes riquezas. Henry Ford, el dueño de la compañía de autos dijo, "Yo era más feliz al hacer el trabajo de mecánico." Andrew Carnegie, quien se hizo muy rico en el negocio del acero, dijo, "Los millonarios raramente se sonríen." John Jacob Astor era el hombre más rico de los E.E.U.U. a la hora de su muerte en 1848, con un valor por encima de los $20 millones. Él proclamó, "Soy el hombre más miserable en la tierra." Muchas veces, la casa tan deseada por una familia, es el lugar donde debido a prioridades mal colocadas, las tensiones suben por las deudas excesivas, y el matrimonio falla. Un coche o un equipo nuevo pierde su brillo y la vida del dueño termina decepcionada. Es mejor elegir prioridades espirituales y eternas en lugar de prioridades materiales, porque "La bendición de Jehová es la que enriquece, y no añade tristeza con ella." (Prov. 10:22). Cuando uno está verdaderamente contento con la voluntad de Dios, el resultado es "la piedad acompañada de contentamiento" (1 Tim. 6:6).

3. La preocupación (Mateo 6:24, 31, 34)

"Ninguno puede servir a dos señores; porque o aborrecerá al uno y amará al otro, o estimará al uno y menospreciará al otro. No podéis servir a Dios y a las riquezas... No os afanéis, pues, diciendo: ¿Qué comeremos, o qué beberemos, o qué vestiremos?... Así que, no os afanéis por el día de mañana, porque el día de mañana traerá su afán. Basta a cada día su propio mal."

La preocupación es causada por el cuidado de un futuro incierto. Es una emoción destructiva al espíritu y al cuerpo de una persona. Alguien definió la preocupación cómo "perder el tiempo de hoy y las oportunidades de mañana, con los apuros de ayer." La preocupación pierde tiempo de hoy por cuanto procura resolver los problemas de mañana. La persona insatisfecha con la bendición de Dios carecerá naturalmente de fe y vivirá insegura y preocupada. Los efectos físicos de la preocupación y de la tensión son "dolores de cabeza, problemas del estómago, alta tensión arterial, dolores de pecho, fatiga, depresión, diabetes, obesidad, condiciones de la piel, ansiedad y desórdenes del sueño."[4] Luego, más dinero se pierde en las visitas costosas del doctor, y en las medicinas. Los efectos espirituales sobre la persona preocupada son mencionados por Jesús en el pasaje arriba, porque la preocupación desafía el amor y el poder de Dios como nuestro Padre y Sostenedor. La persona descontenta experimenta el distanciamiento de Dios por su carencia de fe, mientras va luchando por las cosas temporales, tales como alimento y ropa, en lugar de tratar con los asuntos espirituales.

4. "Avaricia, que es idolatría" (Col. 3:5)

"Haced morir, pues, lo terrenal en vosotros: fornicación, impureza, pasiones desordenadas, malos deseos y avaricia, que es idolatría."

Un ídolo es cualquier cosa por la que nosotros pecamos para conseguirla, o por la cual pecamos si no la podemos conseguir. La gente comete muchos pecados, y se aleja más de Dios, luchando por obtener más dinero y posesiones. Agustín dijo que la idolatría es "adorar lo que debe ser utilizado, y utilizar a Dios, quien debe ser adorado." Ponen a Dios en segundo plano en sus vidas, y las posesiones materiales toman Su lugar.

5. Las deudas (Prov. 22:7)

"El rico se enseñorea de los pobres, y el que toma prestado es siervo del que presta."

Debido a la avaricia desenfrenada, la gente siente que debe ahora comprar las cosas a crédito, en lugar de esperar y ahorrar para comprar. La deuda insuperable que resulta pone una tensión fuerte en cualquier matrimonio. En lugar de servir a Dios y a su pareja, el deudor se hace esclavo del prestador. El interés que se multiplica por las deudas no canceladas crean una sensación de desesperación, y también hace que las parejas se enfoquen en la resolución de asuntos financieros, a expensas de tratar los asuntos más importantes, tales como la comunicación, el perdón, o los hijos. Se agrega un trabajo adicional, o quizás la esposa/la madre entra en un trabajo a expensas de criar bien a sus niños. También, en algunas familias, el dinero se pide prestado de otro familiar y nunca se devuelve. El resultado puede ser la amargura y la división.

6. La ira (Santiago 4:1-2)

"¿De dónde vienen las guerras y los pleitos entre vosotros? ¿No es de vuestras pasiones, las cuales combaten en vuestros miembros? Codiciáis, y no tenéis; matáis y ardéis de envidia, y no podéis alcanzar; combatís y lucháis, pero no tenéis lo que deseáis, porque no pedís."

¿Por qué pelea tanto la gente? La misma pregunta es hecha en Santiago 4:1-2, "¿De dónde vienen las guerras y los pleitos entre vosotros?" La respuesta se da en el pasaje; "¿No es de vuestras pasiones, las cuales combaten en vuestros miembros?" La avaricia y la cólera resultante son problemas internos. Las acciones pecaminosas y dañinas siguen, "Codiciáis, y no tenéis; matáis y ardéis de envidia, y no podéis alcanzar; combatís y lucháis…" La prioridad clara se pone en lo temporal, a la negligencia de lo espiritual, "pero no tenéis lo que deseáis, porque no pedís." Los conflictos se presentan en parejas sobre el uso del dinero de la familia. Tal vez el marido gasta fondos escasos en un pasatiempo u otra diversión personal y costosa. Tal vez una esposa puede gastar innecesariamente el dinero en ropa extravagante o en artículos caseros demasiado caros. Las discusiones sobrevienen, y a veces incluso asuntos peores, tales como el abuso y el divorcio. Por esta razón, Proverbios 15:16-17 declara, "Mejor es lo poco con el temor de Jehová, que el gran tesoro donde hay turbación. Mejor es la comida de legumbres donde hay amor, que de buey engordado donde hay odio."

Tiempo para *Reflexionar*

- ¿Conozco a personas cuyas familias están en desacuerdo por tener la perspectiva incorrecta acerca del dinero? ¿He aprendido de los errores de otros?

- ¿Qué porcentaje de las peleas en nuestro matrimonio/hogar son debidas a los desacuerdos financieros? ¿En cuáles maneras me he decepcionado por el deseo de conseguir más cosas?

- ¿Noto que en mi casa hay cosas por las cuales luché para comprar que ahora no me importan?

- ¿Veo el dinero como mi gran meta, o como un medio por el cual puedo servir a Dios y sostener a mi familia?

- ¿He entregado mi avaricia al Señor Jesucristo, para que me cambie en una persona contenta con las bendiciones de Dios?

---

[1]James Patterson and Peter Kim. The Day America Told the Truth. (New York: Prentice Hall Press, c. 1991)
[2]http://www.merriam-webster.com/dictionary/greed
[3]http://www.merriam-webster.com/dictionary/idolatry
[4]Tabor, Aaron. "The Di'stressing' Health Effects of Worry." Revival, Doctor-Formulated Soy Protein. Aug. 3 2006 <http://blog.revivalsoy.com /2006/08/ the _ distressing _ health_effects.html

La *Deuda.*
DESTRUYA al Destructor

Introducción:

E n épocas bíblicas, las deudas eran canceladas a través de la labor física. Si un hombre pedía prestado el aceite, o el pan de un amigo, lo obligaban a trabajar para pagar la deuda. Por esa razón, Salomón escribió en Proverbios 22:7, "el que toma prestado es siervo del que presta." En un sentido, es igual hoy. Las deudas y los afanes asociados con ellas causan daño físico en el deudor, y tienen muchos otros efectos dañinos. **La deuda ayuda a destruir el cuerpo.** El Señor le avisó a Israel con referencia a la deuda nacional en Deuteronomio 28:44, declarando que los gentiles que les prestarían a ellos serían su cabeza, y que Israel, siendo el prestatario, sería la cola. **La deuda destruye capacidades de liderazgo.** Según Efesios 4:28, nuestra meta es que seamos libres económicamente, de modo que cuando otros tengan necesidad, tengamos suficiente dinero ahorrado para suplir sus necesidades. Sin embargo, muchos se hunden en deudas insuperables, y así **la deuda destruye las oportunidades.** La deuda es un destructor.

Definición de la deuda:

"La obligación que alguien tiene de pagar, satisfacer, o reintegrar algo a otra persona, comúnmente el dinero."

Citas Célebres:

"La deuda consiste en conducir el carro del año, mientras uno todavía usa las ropas del año pasado, y gasta los ingresos del año próximo." Anónimo

"La gente endeudada parece impresionante en el exterior, pero es desgraciada en el interior, llena de ansiedad." Anónimo

El *Principio* en balance:

1. Pedir prestado no es pecaminoso. Jesús era sin pecado, y Él pidió prestado un cuarto para comer con Sus discípulos, el almuerzo de un muchacho, e incluso un asno para montar. Cuando el préstamo se hace para el avance de los propósitos del Dios, el prestatario puede tener confianza de que la bendición de Dios está sobre el asunto.

2. La deuda llega a ser pecaminosa cuando el motivo de ella es la avaricia, y el endeudado no puede cancelar sus deudas (Salmo 37:21). Por lo tanto, se asocia con el pecado (Mat. 6:12).

   "El impío toma prestado, y no paga; mas el justo tiene misericordia, y da."
   "Y perdónanos nuestras deudas, como también nosotros perdonamos a nuestros deudores."

3. La Biblia se refiere a la persona endeudada como "la cola" (Deut. 28:44).

   "Él te prestará a ti, y tú no le prestarás a él; él será por cabeza, y tú serás por cola."

Previniendo la deuda

1. Entérese del mal y ocúltese (Prov. 22:3).

"El avisado ve el mal y se esconde; más los simples pasan y reciben el daño."

La mayoría de nosotros conocemos a alguien que está en la ruina financiera, enfrentándose al embargo de algo que están comprando a crédito, o teniendo que vender cosas que compraron en otra ocasión a crédito. Una persona sabia observará tales consecuencias horribles y las evitará, para no cometer el mismo pecado. La persona simple, o necia, analiza su presupuesto, y hace las compras que se exceden mucho más allá de lo que él puede pagar. Compra cosas innecesarias a crédito a pesar de que su presupuesto no soporta el gasto. Si usted está a punto de tomar una decisión similar, ocúltese de la tentación.

2. Tenga deseos de la clase media (Prov. 30:8).

"Vanidad y palabra mentirosa aparta de mí; no me des pobreza ni riquezas; mantenme del pan necesario."

La oración sabia que nos da el versículo es que no seamos extremadamente ricos, para olvidarnos de Dios, ni ser tan pobres que lo negáramos. Es una bendición vivir en la clase media. La gente se hunde tristemente en las deudas porque tiene deseos más altos que su nivel de ingresos, y para obtener tales lujos, paga con el dinero de alguien más, y con un interés muy alto.

3. Endéudese solamente con aquellas cosas que le ayudarán a ganar el dinero (Mat. 25:15-23).

"A uno dio cinco talentos, y a otro dos, y a otro uno, a cada uno conforme a su capacidad; y luego se fue lejos. Y el que había recibido cinco talentos fue y negoció con ellos, y ganó otros cinco talentos. Asimismo, el que había recibido dos, ganó también otros dos. Pero el que había recibido uno fue y cavó en la tierra, y escondió el dinero de su señor. Después de mucho tiempo vino el señor de aquellos siervos, y arregló cuentas con ellos. Y llegando el que había recibido cinco talentos, trajo otros cinco talentos, diciendo: Señor, cinco talentos me entregaste; aquí tienes, he ganado otros cinco talentos sobre ellos. Y su señor le dijo: Bien, buen siervo y fiel; sobre poco has sido fiel, sobre mucho te pondré; entra en el gozo de tu señor. Llegando también el que había recibido dos talentos, dijo: Señor, dos talentos me entregaste; aquí tienes, he ganado otros dos talentos sobre ellos. Su señor le dijo: Bien, buen siervo y fiel; sobre poco has sido fiel, sobre mucho te pondré; entra en el gozo de tu señor."

Jesús elogia a los dos inversionistas sabios por haber utilizado lo que les fue dado para sacar provecho del dinero. Típicamente, esa práctica no es normal para la persona endeudada. Compran a crédito muchas cosas que no vuelven ningún beneficio. Cosas tales como televisores, refrigeradores, lavaplatos, lavadoras, secadoras nunca aumentarán en valor. Podríamos incluir los coches, la ropa, y las comidas en este grupo. Cualquier persona hará mejor comprando estos artículos con efectivo, en lugar de comprarlos a crédito con un interés que se multiplica. Una casa o un negocio que con tiempo aumentará en valor y pondrá un poco de dinero en su bolsillo es una buena inversión.

4. Dibuja la línea de contentamiento donde lo hace Dios, con las necesidades básicas de la vida (1 Tim. 6:8).

"Así que, teniendo sustento y abrigo, estemos contentos con esto."

Pablo el apóstol nos dice por el Espíritu que debemos ser felices, teniendo las necesidades diarias. La mayor parte de nosotros tenemos mucho más que eso, y todavía somos infelices. Nos imaginamos cómo sería la vida si solamente tuviéramos un coche nuevo, una computadora, o una casa mejor. Eclesiastés 6:9 describe para nosotros la vanidad del "deseo que pasa." Tal avaricia mental crea en nosotros una ingratitud por lo que tenemos, y un deseo por tener más.

5. Compre vehículos con dinero en efectivo, si es posible.

El vehículo aun nuevo disminuye en valor en el momento en que usted lo saca del lugar de venta. Con cada kilómetro, pierde valor. Con todo, mucha gente no puede esperar para comprar su vehículo, incluso a un precio mensual altísimo y con las tasas de interés muy altas. Aparte del pago de la casa, para muchos, el pago más alto es su crédito del coche. ¿Por qué no decide usted conducir un carro un poco más viejo, pero en buenas condiciones? Y en lugar de ser el comprador de un vehículo nuevo quien ha invertido en algo que ha de disminuir, sea usted el comprador de un buen coche usado, y aproveche el valor del coche.

6. Planee para los gastos imprevistos tales como reparaciones del coche, cuentas del doctor, etc. (Salmo 10:6).

"Dice en su corazón: No seré movido jamás; nunca me alcanzará el infortunio."

El verso menciona a los que no pueden verse en ninguna adversidad. No es sabio ser así. Las emergencias que cuestan mucho dinero pueden suceder en cualquier momento. Las Escrituras nos ordenan que seamos sabios, como la hormiga en Proverbios 30:25, que prepara su comida con tiempo. Por ejemplo, si usted tiene un fondo de emergencia con 6,000 pesos en él, y su refrigerador se descompone, usted puede utilizar un poco o todo de su dinero ahorrado para repararlo, o para comprar otro bueno y usado. Si usted no tiene ningún dinero ahorrado para tal situación, estará más inclinado a comprar uno nuevo con una tarjeta de crédito, y quizás pague hasta 15,000 pesos por él después de que haya acumulado el interés.

7. Coma cosas sanas regularmente (Gén. 1:29).

"Y dijo Dios: He aquí que os he dado toda planta que da semilla, que está sobre toda la tierra, y todo árbol en que hay fruto y que da semilla; os serán para comer."

El versículo menciona la dieta que Dios le dio a Adán originalmente. Incluía frutas y vegetales. Generalmente, gastamos mucho dinero adicional cada año comiendo los alimentos en restaurantes de comida rápida. Tales comidas cuestan mucho más que si comiéramos en casa, y muchas veces son peores para la salud, costando a la gente en gastos médicos y programas para perder peso después en la vida. Una razón, quizás, por la que comemos fuera tanto se debe a la pereza; no deseando hacer compras y después preparar comidas en casa. La Biblia declara que él que "el que es negligente en su trabajo es hermano del hombre disipador" (Prov. 18:9).

Saliendo de la *Deuda*

1. Admita su problema de avaricia y confiéselo a Dios (Prov. 28:13).

"El que encubre sus pecados no prosperará; mas el que los confiesa y se aparta alcanzará misericordia."

Nunca saldremos de las deudas actuando como si no existieran, o actuando como si fueran aceptables a Dios. Debemos honestamente confesar nuestra avaricia, y trabajar agresivamente para eliminar esa deuda en la cual hemos incurrido.

2. Busca la felicidad espiritual (1 Tim. 6:6).

"Pero gran ganancia es la piedad acompañada de contentamiento."

Cuando hacemos esto, somos conscientes de lo que Jesús llamaba riquezas verdaderas, es decir, cosas eternas y espirituales. Cuando amamos a Dios, quien es invisible (1 Tim. 1:17), le damos menos importancia a lo que es visible. El tiempo que pasamos en la Palabra de Dios y en la oración, testificándoles a otros del amor de Cristo, siendo fiel en diezmar y dar, etc., revela que tenemos prioridades espirituales. Jesús nos mandó buscar primero el reino de Dios y Su justicia, y después acompañó tal mandamiento con la promesa de que todas nuestras necesidades materiales serían suplidas (Mateo 6:33).

3. Resista la cultura de la deuda (1 Jn. 2:15-17).

"No améis al mundo, ni las cosas que están en el mundo. Si alguno ama al mundo, el amor del Padre no está en él. Porque todo lo que hay en el mundo, los deseos de la carne, los deseos de los ojos, y la vanagloria de la vida, no proviene del Padre, sino del mundo. Y el mundo pasa, y sus deseos; pero el que hace la voluntad de Dios permanece para siempre."

Comenzamos estando insatisfechos con las bendiciones de Dios, y de ese modo somos controlados por "los deseos de la carne." Observamos lo que otros poseen; el coche que conducen, donde van de vacaciones, su casa muy grande, etc. Esto se llama "los deseos de los ojos." Consecuentemente, sentimos que debemos llegar al nivel de ellos para ser respetados. Se refiere a esto como "la vanagloria de la vida." El resultado es que hemos vivido para las cosas que pronto pasarán. ¡Amemos a Dios, y así resistiremos la cultura de la deuda!

4. Comience a diezmar y dar según las promesas de Dios, y ayuda a otros en necesidad (Luc. 6:38).

"Dad, y se os dará; medida buena, apretada, remecida y rebosando darán en vuestro regazo; porque con la misma medida con que medís, os volverán a medir."

Tristemente, la gente intenta cancelar sus deudas por una variedad de medios; jugar la lotería, o apostar en un casino. Otros invierten su dinero en la bolsa de valores para multiplicar fondos. Pero la única manera segura de ser bendecido es obedeciendo al Señor al diezmar y ofrendar. Aunque no damos con la finalidad de conseguir más, cuando servimos a Dios con medios financieros, Él nos bendice grandemente. Le servimos dando un diezmo de nuestros ingresos (Mal. 3:10-11), y dando a otros en tiempo de necesidad (Ef. 4:28). La única inversión que garantiza dar con creces es la que se da al Señor.

5. Haga una lista de las cosas constructivas que no cuestan nada, y hágalas.

Es una gran mentira pensar que debemos gastar dinero para gozarnos como pareja, o como familia. No tenemos que ir de vacaciones al Caribe o gastar mucho dinero en parques de diversiones cada año. La televisión por cable no es una necesidad; ni es necesario comprar una membresía costosa en un gimnasio. El ejercicio físico tal como caminar, correr, andar en bicicleta, o jugar un deporte son preferibles. La lectura de la Biblia como familia, jugar un juego de mesa, hacer un libro de recuerdos; todas son cosas que no cuestan nada, pero enriquecen la familia.

6. Cambie su manera de gastar de maneras pequeñas (Luc. 16:10).

"El que es fiel en lo muy poco, también en lo más es fiel; y el que en lo muy poco es injusto, también en lo más es injusto."

El principio bíblico de que las cosas pequeñas importan mucho fue revelado por Jesús mismo. Cuando usted está endeudado, una ayuda sencilla para cancelar las deudas es disminuir sus gastos en maneras pequeñas. Por ejemplo, una taza de café en la gasolinera o el restaurante costará casi veinte pesos ¿Por qué no hace su café en casa por la mañana y así solamente gastaría cerca de un peso para la misma taza? Los restaurantes de comida rápida se jactan de comidas baratas por 60 pesos, o una hamburguesa en 40 pesos, pero si usted hace su almuerzo en casa, podrá ahorrar fácilmente algunos pesos cada día. Cuando usted multiplica esos ahorros pequeños a través de todo un año, habrá ahorrado mucho dinero que se podría aplicar a sus deudas. Comprar un coche que consume menos combustible puede ahorrarle mucho. Esté buscando las ofertas por internet y las ofertas especiales en las tiendas. Ahorrar doscientos pesos por semana en sus compras en la tienda llegará a más de diez mil pesos a través del año.

7. Establezca una meta (Prov. 27:23).

"Sé diligente en conocer el estado de tus ovejas, Y mira con cuidado por tus rebaños."

Se ha dicho sabiamente que, si no tenemos ninguna meta, es seguro que la alcanzaremos. ¿Por qué no comienza hoy a poner en orden un plan financiero con el cual usted reducirá costos innecesarios, y pagará lo que debe? El versículo nos manda ser diligentes en cuanto a nuestras finanzas. Así, podremos tener buenas metas para salir de la deuda.

8. Comience a ver su tarjeta de crédito como algo que le puede servir para bien, quizás en situaciones de emergencia. Si no, usted le servirá a ella.

La gente comete un gran error al ver su tarjeta de crédito como su boleto para comprar cualquier cosa deseada; y para comprarla hoy. Al hacer esto, se convierten en esclavos (Prov. 22:7). Deben utilizar sus tarjetas de crédito con templanza para servirles en tiempos de emergencia. Quizás si una persona viajara mucho en avión, podría hacer sus compras con una compañía de crédito que recompensa con millas gratis de vuelo. Otras tarjetas premian a los que usan el dinero en mejoras para la casa, a veces dando hasta el 5% en recompensas por cualquier dinero gastado en proyectos de casa. Hay un sitio web, que da consejos sobre las ventajas ofrecidas de las varias compañías de crédito. Se encuentra en *http://www.finanzaspersonales.co/credito/articulo/forma-correcta-de-usar-la-tarjeta-de-credito/57461*.

9. Haga su preparación constantemente (Prov. 20:13).

"No ames el sueño, para que no te empobrezcas; abre tus ojos, y te saciarás de pan."

El versículo nos aconseja que la pobreza es el resultado de la pereza. Esté buscando diligentemente las ofertas y diversas maneras para ahorrar dinero. También, en muchas ocasiones una compañía que ofrece tarjetas de crédito le dará una tasa de intereses extremadamente baja si usted cambia sus cuentas a la tarjeta de ellos. Haciendo esto, puede disminuir el interés que está pagando en deudas actuales.

10. Considere vender cualquier cosa asociada con los pagos extraordinarios de la deuda (Luc. 16:1-8).

"Dijo también a sus discípulos: Había un hombre rico que tenía un mayordomo, y éste fue acusado ante él como disipador de sus bienes. Entonces le llamó, y le dijo: ¿Qué es esto que oigo acerca de ti? Da cuenta de tu mayordomía, porque ya no podrás más ser mayordomo. Entonces el mayordomo dijo para sí: ¿Qué haré? Porque mi amo me quita la mayordomía. Cavar, no puedo; mendigar, me da vergüenza. Ya sé lo que haré para que cuando se me quite de la mayordomía, me reciban en sus casas. Y llamando a cada uno de los deudores de su amo, dijo al primero: ¿Cuánto debes a mi amo? Él dijo: Cien barriles de aceite. Y le dijo: Toma tu cuenta, siéntate pronto, y escribe cincuenta. Después dijo a otro: Y tú, ¿cuánto debes? Y él dijo: Cien medidas de trigo. Él le dijo: Toma tu cuenta, y escribe ochenta. Y alabó el amo al mayordomo malo por haber hecho sagazmente; porque los hijos de este siglo son más sagaces en el trato con sus semejantes que los hijos de luz."

Cristo contó la parábola de un hombre que había malgastado las mercancías de su amo, y pronto iba a perder su trabajo como administrador. Así que, sabiamente él fue con los que debían dinero a su amo, y aunque no recogió todo lo debido a su amo, él redujo sus pérdidas, y por lo menos pagó una cantidad significativa de lo que se debía a su amo. Este mismo principio de reducir pérdidas, y quizás de vender un vehículo, o alguna otra posesión que esté absorbiendo una gran porción grande de nuestros ingresos, es un buen paso para salir de deuda.

Tiempo para *Reflexionar*

- ¿He reconocido que la raíz de mis problemas respecto a las deudas realmente es un problema espiritual y que necesito arrepentirme delante de Dios?

- ¿Cuánto dinero debo a las compañías de crédito?, y ¿cuánto debo a personas individuales?

- ¿Cuánto tiempo tomaría para cancelar 25% de mi deuda total?, ¿para cancelar 50%?, ¿y para cancelar 100%?

- ¿Cuánto dinero estoy desperdiciando semanalmente en maneras pequeñas que de otra manera se puede usar para cancelar mis deudas?

- ¿Hay algo que podría yo vender que no es necesario y que se podría usar para cancelar mis deudas?

Un Objetivo
Financiero

Introducción:

Un hombre sabio proclamó, "Cuando fallas en planear, estás planeando fallar." Por falta de una buena administración de dinero, y un objetivo a seguir, malgastamos lo que Dios nos ha dado, y sufrimos espiritualmente y económicamente. *"Guárdese de pequeños costos; una fuga pequeña de agua hundirá una gran nave"*, dijo Benjamín Franklin. Si no hay un plan financiero en orden, nos expondremos a grandes problemas. En esta lección, veremos cinco cosas, cada una en su orden, que cuando se hacen, pueden rescatar la nave de nuestras finanzas. Esto es un plan, no sobre cómo hacernos más ricos, sino un plan para obedecer a Dios, y así experimentar la bendición de Dios sobre todo lo que Él nos ha dado.

Versículo Clave:

"Pues si en las riquezas injustas no fuisteis fieles, ¿quién os confiará lo verdadero?"

(Lucas 16:11)

Citas Célebres:

"El cristiano muestra quien es a través de lo que hace con lo que tiene." Anónimo

"Por todas las Escrituras, hay una conexión íntima entre el desarrollo del carácter de un hombre y cómo maneja su dinero." Richard C. Halverson

Qué hacer con el *Dinero*

1. Gánalo (Prov. 28:8, Ef. 4:28).

*"El que aumenta sus riquezas con usura y crecido interés,
para aquel que se compadece de los pobres las aumenta."*

"El que hurtaba, no hurte más, sino trabaje, haciendo con sus manos lo que es bueno, para que tenga qué compartir con el que padece necesidad."

A. Por el medio correcto

Hay muchas maneras malas para conseguir el dinero; apostar, robar, vender drogas, engañar a otros, jugar la lotería, u obtenerlo del gobierno, aunque tengamos la habilidad para trabajar. Todas estas maneras son llamadas por Dios, "ganancias deshonestas" (Tito 1:7). La manera íntegra para aumentar el dinero se menciona en Efesios 4:28, trabajando "con sus manos lo que es bueno."

B. Con el motivo correcto

Efesios 4:28 también menciona el motivo correcto, "para que tenga que compartir con el que padece necesidad." Tristemente, el motivo de muchos es hacerse ricos, y por eso hieren a otros y ofenden a Dios. En Proverbios 28:8, leemos de los que aumentan sus riquezas "con usura y crecido interés." En otras palabras, quitan a los demás para aumentar sus riquezas. No debemos ser así.

C. Esperando el resultado correcto

Al trabajar fielmente, teniendo a Dios y a los demás en mente, nuestro Señor bendice al obrero y su obra. Deuteronomio 24:19 declara, "Cuando segares tu mies en tu campo y olvidares alguna gavilla en el campo, no regresarás a tomarla; será para el extranjero, para el huérfano y para la viuda; para que te bendiga Jehová tu Dios en toda obra de tus manos." Con tal bendición, no se agrega la tristeza (Prov. 10:22). Al ayudar a otros, Dios siempre nos cuida (Lucas 6:38), pero cuando deseamos hacernos ricos, perderemos tales riquezas temporales. Pues, Proverbios 28:8 dice del avaro, que aumenta sus riquezas con usura y crecido interés, que "para el que se compadece de los pobres las aumenta."

2. Cuéntalo (Prov. 27:23).

"Sé diligente en conocer el estado de tus ovejas, y mira con cuidado por tus rebaños."

La economía de Israel en el Antiguo Testamento estaba basada en la agricultura cuando Salomón escribió el libro de Proverbios. En una economía de agricultura, una sola oveja representaba mucho; ropa por su lana, leche para tomar, carne para comer, y dinero si se podía vender. Por eso las palabras son tan importantes en el versículo, "Considera atentamente el aspecto de tus ovejas; pon tu corazón a tus rebaños." Hoy la aplicación sería de contar cuánto dinero hay en nuestras cuentas de banco, cuánto hemos ahorrado, cuanto debemos en cunetas y gastos, en qué condiciones están nuestros carros y casas, etc.

A. Cristo se compara con el pastor que sabe cuando una oveja de su rebaño falta (Lucas 15:3-7).

"Y cuando la encuentra, la pone sobre sus hombros gozoso; y al llegar a casa, reúne a sus amigos y vecinos, diciéndoles: Gozaos conmigo, porque he encontrado mi oveja que se había perdido. Os digo que así habrá más gozo en el cielo por un pecador que se arrepiente, que por noventa y nueve justos que no necesitan de arrepentimiento."

Cristo es el Buen Pastor, enterado de la condición de su rebaño. Es imposible ser negligente e imitar a Cristo a la vez.

B. El perezoso tiene la fama de desperdiciar sus bienes (Prov. 12:27).

"El indolente ni aun asará lo que ha cazado;
pero haber precioso del hombre es la diligencia."

La pereza es una raíz de la pobreza. La Biblia dice en Proverbios 13:4a, "El alma del perezoso desea, y nada alcanza." El diligente tiene un estado financiero muy diferente. En contraste al perezoso, dice Proverbios 13:4b, "más el alma de los diligentes será engordada." Requiere diligencia saber cuánto tenemos en nuestras cuentas de banco, pero es fácil a través de una llamada telefónica al banco, o aún más fácil si tiene acceso a sus cuentas por el internet.

C. Cuando sabemos cuánto hay en nuestras cuentas, no sacaremos más de lo que esté disponible, y así adquirir multas y perder más dinero.

D. Cuando sabemos cuánto hay en nuestras cuentas, naturalmente gastaremos menos, sólo comprando lo necesario y así podremos ahorrar más.

3. Adora a Dios (Prov. 3:9).

"Honra a Jehová con tus bienes, y con las primicias de todos tus frutos."

Este punto es tercero, no porque sea menos importante que los dos puntos anteriores, sino porque es imposible diezmar y ofrendar si no ganamos y contamos cuánto Dios nos ha dado.

A. Abraham, en Génesis 14, es un ejemplo de este principio:

1. Ganó su dinero por su esfuerzo (vv.14-16). *"Oyó Abram que su pariente estaba prisionero, y armó a sus criados, los nacidos en su casa, trescientos dieciocho, y los siguió hasta Dan. Y cayó sobre ellos de noche, él y sus siervos, y les atacó, y les fue siguiendo hasta Hoba al norte de Damasco. Y recobró todos los bienes, y también a Lot su pariente y sus bienes, y a las mujeres y demás gente."*

2. Ofreció diezmos para respaldar sus palabras de alabanza

(vv.18-20). *"Entonces Melquisedec, rey de Salem y sacerdote del Dios Altísimo, sacó pan y vino; y le bendijo, diciendo: Bendito sea Abram del Dios Altísimo, creador de los cielos y de la tierra; y bendito sea el Dios Altísimo, que entregó tus enemigos en tu mano. Y le dio Abram los diezmos de todo."*

3. Le dio el crédito a Dios por las fuerzas para ganar el dinero

(vv. 22-23). *"Y respondió Abram al rey de Sodoma: He alzado mi mano a Jehová Dios Altísimo, creador de los cielos y de la tierra, que desde un hilo hasta una correa de calzado, nada tomaré de todo lo que es tuyo, para que no digas: Yo enriquecí a Abram."*

B. Abraham, en torno, no se hizo pobre, sino que Dios le bendijo aún más (Gén. 24: 34-35).

"Entonces dijo: Yo soy criado de Abraham. Y Jehová ha bendecido mucho a mi amo, y él se ha engrandecido; y le ha dado ovejas y vacas, plata y oro, siervos y siervas, camellos y asnos."

4. Úsalo (1 Tim. 5:8).

"Porque si alguno no provee para los suyos, y mayormente para los de su casa, ha negado la fe, y es peor que un incrédulo."

Dice "úsalo" porque es una palabra llena de propósito. Cuando malgastamos dinero, algo se pierde, pero cuando lo usamos, estamos en control de lo que sale, y hacemos una inversión con cada centavo. El versículo declara que debemos tener lo suficiente para proveer a nuestras familias. Si alguien no está en un estado económico suficiente para dar lo necesario a sus familiares, dice la Biblia que es peor que un incrédulo porque aun las personas ateas cuidan a sus seres queridos.

Lee la historia del milagro de provisión para la viuda endeudada en 2 Reyes 4:1-7. Se demuestra la manera en que podemos usar lo material:

A. Para cancelar las deudas (2 Reyes 4:7a)

"Vino ella luego, y lo contó al varón de Dios, el cual dijo: Ve y vende el aceite, y paga a tus acreedores..."

Al haber colectado suficiente aceite, no malgastó su dinero, sino que siguió los consejos de Dios a través de Eliseo, "Ve, y vende el aceite, y paga tu deuda", fue el primer consejo. Tuvo que saldar sus deudas para no dar un mal nombre a Dios, porque su esposo había sido hijo de los profetas. Además, al haber cancelado sus deudas, se rescató de la esclavitud.

B. Para pagar sus necesidades (2 Reyes 4:7b)

"...y tú y tus hijos vivid de lo que quede."

El segundo consejo fue, "y tú y tus hijos vivid de lo que quede", de manera que no tuvieran que seguir tomando prestado de otros. Así, Dios, a través de tal milagro, le dio a ella y a nosotros una lección que cuando se obedece la Palabra de Dios, tendremos suficiente para nuestras necesidades.

5. Ahórralo (Prov. 21:20).

"Tesoro precioso y aceite hay en la casa del sabio;
mas el hombre insensato todo lo disipa."

Alguien sabio dijo, "Planea con tiempo. No llovía cuando Noé edificó el arca." Tener dinero ahorrado nos da confianza de que aún si hay una necesidad repentina en nuestro hogar, habrá suficiente para suplirla y también nos hace libres para ayudar a otros.

A. El versículo menciona "tesoro y aceite" en la casa del sabio. El tesoro codiciable es algo que no era necesario para sobrevivir, sino que era un lujo. El aceite sí era algo necesario, usado para alumbrar la casa y preparar la comida. El punto del versículo es cuando alguien pone en práctica la sabiduría de Dios, habrá ahorrado suficiente para tener las cosas necesarias, y aun las cosas que no lo son. Hay personas que piensan que por el hecho de haber recibido dinero quiere decir que es necesario gastarlo. No piensan en reservarlo para algo más importante después.

B. El que no tiene control de su espíritu es comparado por Dios con una "ciudad derribada y sin muro" (Prov. 25:28).

"Como ciudad derribada y sin muro es el hombre cuyo espíritu no tiene rienda."

Jericó es ejemplo de una ciudad así. Se quitó toda libertad y riqueza de Jericó (Jos. 6:21, 24). Así es la persona sin templanza. Pierde su libertad y dinero por falta de autocontrol.

C. Cuando la mujer ayuda a ahorrar dinero (Prov.31:11), vive sin temor para cosas necesarias, aun si vienen circunstancias difíciles (Prov. 31:21), y tendrá suficiente para ayudar a los demás (Prov. 31: 20).

"El corazón de su marido está en ella confiado, y no carecerá de ganancias."

"No tiene temor de la nieve por su familia, porque toda su familia
está vestida de ropas dobles."

"Alarga su mano al pobre, y extiende sus manos al menesteroso."

D. Dios halaga a las hormigas en Proverbios 30:24-25 porque, aunque no son grandes y fuertes, "en el verano preparan su comida." Cuando el clima es adecuado, ellas se ocupan en trabajar y ahorrar lo necesario para tiempos más duros en el futuro. Aunque un león es más fuerte y un gran cazador, Salmo 34:10 declara "los leoncillos necesitan, y tienen hambre." La aplicación es que hay personas ricas en el presente, pero han de experimentar bancarrota en el futuro por falta de templanza. El hijo prodigo en Lucas 15:11-14 es un ejemplo de este principio.

"Cuatro cosas son de las más pequeñas de la tierra, y las mismas son más sabias que los sabios: Las hormigas, pueblo no fuerte, Y en el verano preparan su comida."

"Los leoncillos necesitan, y tienen hambre; pero los que buscan a Jehová no tendrán falta de ningún bien."

"También dijo: Un hombre tenía dos hijos; y el menor de ellos dijo a su padre: Padre, dame la parte de los bienes que me corresponde; y les repartió los bienes. No muchos días después, juntándolo todo el hijo menor, se fue lejos a una provincia apartada; y allí desperdició sus bienes viviendo perdidamente. Y cuando todo lo hubo malgastado, vino una gran hambre en aquella provincia, y comenzó a faltarle."

E. El que no ahorra tiene el concepto orgulloso e impío que *"dice en su corazón: No seré movido; nunca me alcanzará el infortunio"* (Salmo 10:6).

F. José, guiado por el Espíritu de Dios, fue muy honorable porque su plan financiero incluía almacenar en tiempo de abundancia para las dificultades porvenir (Gén. 41:35-39). En sí, José pudo asegurar su propio bienestar, y también ayudar a otros (Gén. 41:56-57).

"Y junten toda la provisión de estos buenos años que vienen, y recojan el trigo bajo la mano de Faraón para mantenimiento de las ciudades; y guárdenlo. Y esté aquella provisión en depósito para el país, para los siete años de hambre que habrá en la tierra de Egipto; y el país no perecerá de hambre. El asunto pareció bien a Faraón y a sus siervos, y dijo Faraón a sus siervos: ¿Acaso hallaremos a otro hombre como éste, en quien esté el espíritu de Dios? Y dijo Faraón a José: Pues que Dios te ha hecho saber todo esto, no hay entendido ni sabio como tú."

"Y el hambre estaba por toda la extensión del país. Entonces abrió José todo granero donde había, y vendía a los egipcios; porque había crecido el hambre en la tierra de Egipto. Y de toda la tierra venían a Egipto para comprar de José, porque por toda la tierra había crecido el hambre."

Tiempo para Reflexionar

- ¿Me entero semanalmente de cuánto dinero hay en mi cuenta de banco?

- Al recibir mis ingresos, ¿intento ahorrar dinero, o los gasto en cosas innecesarias?

- ¿Cuáles cosas inesperadas me han acontecido en este año pasado que me han costado dinero? ¿He aprendido de tales cosas a ahorrar dinero para más cosas imprevistas que me puedan pasar en este año?

- ¿En cuáles situaciones recientes me he demostrado ser como "ciudad derribada y sin muro" por mi falta de templanza?

Maneras Pequeñas para *Ahorrar* Dinero

Introducción:

En la lección anterior, vimos las cinco cosas que debemos de hacer con nuestro dinero; ganarlo, contarlo, adorar a Dios con ello, usarlo, y finalmente, ahorrarlo. En esta lección, veremos las maneras sencillas y pequeñas en que una familia puede ahorrar dinero cada mes, y usar más sabiamente su dinero.

Versículo Clave:

"El que es fiel en lo muy poco, también en lo más es fiel; y el que en lo muy poco es injusto, también en lo más es injusto" (Lucas 16:10)

Un gráfico sencillo:

Esto representa un manejo normal y saludable de los ingresos.

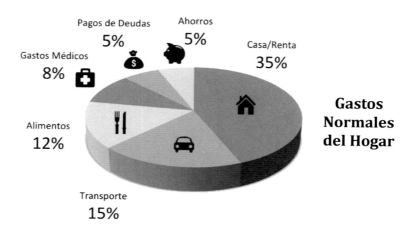

Discerniendo entre gastos flexibles y gastos no flexibles:

Cada pareja y familia tiene ciertos gastos que no se ajustan mensualmente. En el gráfico arriba, algunos gastos se pueden clasificar como fijos y otros son flexibles. Los consejos en esta lección son para ayudar con los gastos flexibles, para que podamos ahorrar más dinero en tales asuntos.

Consejos prácticos para el mejor uso del dinero para la comida

(12% de todos los ingresos)

1. Planee un menú semanal para la familia y sígalo.

2. Al hacer compras, siempre usa una lista escrita y no se desvíe de ella, si es posible.

3. Evite hacer compras cuando está hambriento o de prisa.

4. Evite los alimentos preparados y congelados costosos.

5. Compre los productos de limpieza y los productos de papel en grandes cantidades en las tiendas de descuento o los almacenes.

6. Use cupones y esté enterado cuando hay ventas de productos básicos.

7. Intente usar productos de marca genérica.

Consejos prácticos para el mejor uso del dinero para el Transporte

(15% de todos los ingresos)

1. Evalúe la razón para comprar el coche. ¿Es una necesidad o simplemente un deseo?

2. Pregúntese si se puede reparar su coche actual por una cantidad menor a seis meses de pagos para un nuevo.

3. Pague con efectivo un coche nuevo si es posible. Si no, cerciórese de que el coche actual esté pagado totalmente antes de comprar el nuevo.

4. Compre un buen coche usado en vez de un coche nuevo.

5. Evite arrendar. Lo mejor es pagar con efectivo.

6. Utilice la gasolina más barata recomendada por el manual del coche.

7. Realice el mantenimiento general y las reparaciones de menor importancia usted mismo.

8. Considere usar solamente el seguro básico en vez del seguro de choque si el coche tiene más de cuatro años.

Consejos prácticos para el mejor uso del dinero
en cuanto a las deudas
(5% de todos los ingresos)

1. Establezca un calendario de pagos para pagar a todos los acreedores regularmente.

2. Compre con efectivo y sacrifique los deseos y cosas de lujo hasta que todas las deudas se hayan pagado en su totalidad.

3. Rompa cualquier tarjeta de crédito que usted no pueda pagar por completo cada mes.

Consejos prácticos para los gastos médicos
(8% de todos los ingresos)

1. Enseñe a los niños a comer alimentos saludables y a limpiar sus dientes correctamente.

2. Cuide su cuerpo a través de una dieta sana, descanso apropiado, y ejercicio regular, y su cuerpo responderá muy probablemente con una mejor salud.

3. Pregunte a los doctores y dentistas por adelantado con respecto a costos.

4. Busque los mejores precios para las prescripciones y pida medicinas genéricas.

Consejos prácticos para aumentar las cuentas de ahorro
(5% de todos los ingresos)

1. Arregle sus ingresos, si es posible, que una porción de su sueldo se deposite directamente a su cuenta de ahorros.

2. Escriba un cheque semanalmente a la cuenta de ahorros como si fuera otro acreedor.

3. Cuando una deuda existente se haya pagado totalmente, reasigne el dinero que usaba para cancelar las deudas a los ahorros.

Permítanos serle de **Bendición** por internet

www.fundamentosfamiliares.com

facebook. FundamentosfamiliaresINTL

YouTube FundamentosFamiliares

OTROS *Libros*

Serie de Libros para la FAMILIA